www.ingramcontent.com/pod-product-compliance
Lightning Source LLC
La Vergne TN
LVHW041111150826
845673LV00007B/2009

بسم اللہ الرحمن الرحیم
نحمدہ ونصلی علی رسولہ الکریم

کاغذی نقوش

ہم کاغذی نقوش کے خانوں میں بنٹ گئے
محدود کیوں ہوں سرحدیں دل کی وطن کے ساتھ

رآزی ابوذر

ایجوکیشنل پبلشنگ ہاؤس

نام کتاب	:	کاغذی نقوش
تخلیق کار	:	رازی ابوذر
طبع اوّل	:	۲۰۲۲
نوعیت	:	مجموعۂ غزلیات
قیمت	:	۲۱۹ روپے
ISBN	:	978-93-95400-42-8
رابطہ	:	raziabuzar21@gmail.com, ☏ +91-9650455040
صفحات	:	۱۲۰
مطبع	:	روشان پرنٹرس، دہلی۔۶

ناشر

ایجوکیشنل پبلشنگ ہاؤس

ایچ۔او۔D1/16، انصاری روڈ، دریا گنج، نئی دہلی ۱۱۰۰۰۲

بی۔او۔3191، گلی وکیل، کوچہ پنڈت، لال کنواں، دہلی ۱۱۰۰۰۶

فون: 41418204،45678203،23216162،45678286

ای میل: ephindia@gmail.com،info@ephbooks.com

ویب سائٹ: www.ephbooks.com

رازی ابوذر کی زیر طبع تصانیف

۱۔قواعد اللغة العربية

۲۔ڈاکٹر شمیم ہاشمی ناقدین کی نظر میں

سوکھی زبان پیاس کی حدت سے جل گئی
موجیں تڑپ کے رہ گئیں نہرِ فرات میں
ڈاکٹر شمیم ہاشمی

فہرست

حرفِ آغاز

بولا تو لفظ سانس کی گرمی سے جل گئے
لب سی لئے تو پڑ گئے چھالے زبان پر
فخر رضوی

کئی سال پہلے کسی رات میں بجلی کے ایک کھمبے سے ٹک کر کھڑا نیم کی ٹہنیوں اور پتّیوں سے چھن چھن کر آتی ہوئی اسٹریٹ لائٹ میں بنتی بگڑتی اپنی دھندلی پرچھائیں میں اپنی شناخت ڈھونڈنے کی کوشش کر رہا تھا۔ اگرچہ ایسا نہیں تھا کہ خود شناسی کی یہ میری پہلی کوشش تھی۔ میں ہر بنی آدم کی طرح اپنی شناخت کی جستجو میں لمحات زندگی کے اوراق پلٹتا رہا۔ میں نے اپنی پہلی نظم کم عمری میں لکھی۔ اردو میں مجھے اپنا پہلا شعر یاد نہیں، عربی زبان میں میرا پہلا بیت درج ذیل ہے:

ومن یلعبون باامواج بحر
فھم لایریدون لطف النسیم

رفتہ رفتہ وقت گزرتا رہا اور میں تجربات کے سمندر سے جواہر کی تلاش میں سرگرداں رہا۔ کبھی پاپا کی لائبریری میں کتابیں پڑھتا، فکشن اور شعری ادب کا مطالعہ کرتا۔ کبھی اسکول سے بھاگ کر ندی کنارے، کبھی جنگلوں اور پہاڑوں میں، کبھی درختوں کی جھنڈ میں چڑیوں کی چہچہاہٹ کے درمیان کبھی گھر کے آنگن میں چمبیلی اور رات کی رانی کی خوشبوئوں کے درمیان چاندنی راتوں میں تنہا خیالوں کی وادیوں میں سیر کرتا۔ تصوّرات کی دنیا کے ہر پیکر کو الفاظ میں ڈھلتا ہوا محسوس کرتا اور اکثر کاغذ پر اس ڈھلتے پیکر کو محفوظ کر لیتا۔

یوں تو رومن رسم الخط میں اردو لکھنے کی روایت نہیں رہی ہے لیکن میرا نظریہ یہ ہے کہ جو لوگ اردو نہیں جانتے وہ اس طریقے سے اردو سیکھنے کی طرف راغب ہو سکتے ہیں اور اردو زبان کے فروغ میں معاون ہو سکتے ہیں۔

اللہ کا فضل ہے کہ میں یہ مجموعۂ غزل شایع کر پا رہا ہوں۔ میں اپنی چند منتخب غزلیں اس مجموعے میں شامل کر رہا ہوں۔ پسند آئے تو میری حوصلہ افزائی فرمائیں۔

رازی ابوذر

دیباچہ

سید عبید اللہ ہاشمی
ہزاریباغ

فارسی میں ایک مقولہ ہے۔

''بزرگی بہ عقل است نہ کہ بہ سال''

بات بھی صحیح ہے۔ کچھ لوگ معمّر ہوتے ہوئے بھی کم علم اور کم فہم ہوتے ہیں جبکہ کچھ لوگ کم عمری میں ہی ذی فہم، ذی ہوش اور ذی علم ہو جاتے ہیں۔ وہ اپنی لیاقت کے باعث آسمانِ علم و ادب پر درخشاں ستارے کی مانند چمکتے ہیں۔ ایسے ہی لوگوں کے بارے میں کہا گیا ہے:

بالائے سرش ز ہوشمندی
می تافت ستارۂ بلندی

دنیائے شعر و ادب میں رازی ابوذر کی آمد بادِ نو بہاری کے تازہ جھونکے کی مانند ہے۔ اس نوجوان شاعر کے کلام میں جو پختگی ہے وہ کئی بزرگ شعراء کو چراغ دکھانے کے قابل ہے۔ اور ایسا کیوں نہ ہو۔ رازی ابوذر مشہور و معروف شاعر و ناقد ڈاکٹر شمیم ہاشمی کے فرزند ہیں۔ شاعری کا ذوق انھیں ورثے میں ملا ہے۔

شاعری ایک ایسا فن ہے جسکا تعلق ذہنی شعور، قلبی احساسات اور روحانی وجدان سے ہے۔ ہر شخص شعر کہنے پر قادر نہیں ہوتا۔ یہ ایک قسم کا عطیۂ خداوندی ہے۔ کئی علماء لمبی لمبی تقریریں کرنے پر قادر ہیں، کچھ نہایت فصیح و بلیغ مضامین لکھنے پر قادر ہیں، عروض و قواعد سے بھی واقف ہیں مگر ایک شعر موزوں نہیں کر سکتے۔ یہ موزونئ طبع کسی کسی کو قسمت سے ملا کرتی ہے۔ شعر کہنے کے لئے علمِ شعر کے ساتھ ساتھ جذب دروں بھی درکار ہے۔ میرا مندرجہ ذیل شعر شاید میرے مفہوم کو ادا کرے:

جو با شعور ہیں وہ شعر کو سمجھتے ہیں
شعور جن کا فزوں تر ہے شعر کہتے ہیں

رازؔی ابوذر کی شاعری میں فکر کی رفعت، جذبوں کی شدّت اور زبان و بیان کی بلاغت بدرجہ اتم موجود ہے۔ شاعر کا دردمند دل نہ صرف اپنے غموں کو محسوس کر کے محزون ہے بلکہ دوسروں کے دکھی دلوں کی پکار سن کر بھی تڑپ اٹھتا ہے۔ اس طرح ان کی شاعری میں غمِ جاناں اور غمِ دوراں باہم مخلوط نظر آتے ہیں۔ چند مثالیں میری اس بات کا ثبوت فراہم کرتی ہیں:

○

جب زباں رکھی ہے میں نے حلقۂ زنجیر میں
تب کہیں آئی ہے شدت شعر کی تاثیر میں

دفتر و بازار خالی ہر گلی میں خامشی
کیا خبر تھی یہ بھی دن تھے شہر کی تقدیر میں

○

ہم نے محلوں کی مکانوں کی رہائش دیکھی
اور فٹپاتھ پہ بھی لوگوں کا جینا دیکھا

تیری دیواروں میں شامل ہے غریبوں کا لہو
تیری روٹی میں غریبوں کا پسینا دیکھا

○

رفتہ رفتہ خواہشیں بھی بے زباں ہوتی گئیں
تلخیاں جب وقت کے سچ کی عیاں ہوتی گئیں

رابطے ٹوٹے ہیں، رشتے رہ گئے ہیں نام کے
تلخیاں حائل دلوں کے درمیاں ہوتی گئیں

اس مجموعے میں ایسے ہی گوہر آبدار کی مانند چمکتے دمکتے اشعار خاصی تعداد میں موجود ہیں جو با شعور قارئیں کو یقیناً متاثر کریں گے۔ گمان اغلب ہے اور میری دعا بھی کہ یہ ماہِ نو ایک دن ماہِ کامل بن کر آسمانِ ادب کو روشن کرے۔

"اللہ کرے زورِ قلم اور زیادہ"

***

رہا آخرت سے میں بے خبر یوں جہانِ باغ و بہار میں
کبھی خوشبوؤں کے سفر میں تھا، کبھی جگنوؤں کی قطار میں

تری درس گاہ میں تھا مگر نہ تھی روح شاملِ گفتگو
مجھے خوش روی بھی بُری لگی، وہ کمی تھی دل کے قرار میں

سرِ خامشی یہ سجاوٹیں اسی رنگ و بو کی مثال ہیں
جو مہک ہو قبر کے پھول میں، جو چمک ہو شمعِ مزار میں

وہ چمن تھا منبعِ رنگ و بو، کئی پھول تھے سرِ بوستاں
وہ جو خوشبوؤں کی مثال ہوں کوئی ایک دو تھے ہزار میں

تھیں مثال جن کی رفاقتیں، ہوئے محو وقت کی دھول میں
کئی نام دل سے عزیز تھے مرے دوستوں کے شمار میں

raha ãk͟herat se mai be k͟habar yuñ jahãn e bãg͟h o bahãr me
kabhi k͟hushbuoñ ke safar me thã, kabhi jugnuoñ ki qatãr me

teri darsgãh me thã magar na thi rooh shãmil e guftugoo
mujhe k͟hushravi bhi buri lagi, wo kami thi dil ke qarãr me

sar e k͟hãmoshi ye sajãwateñ usi rang o boo ki misãl haiñ
jo mahak ho qabr ke phool me, jo chamak ho shamm e mazãr me

wo chaman tha mamba e rang o boo, kayi phool thay sar e boositãñ
wo jo k͟hushbu'oñ ki misãl hoñ koi ek do the hazãr me

thiñ misãl jinki rafãqateñ, huwe mahw waqt ki dhool me
kai nãm dil se azeez thay mere dostoñ ke shumãr me

جب زباں رکھی ہے میں نے حلقۂ زنجیر میں
تب کہیں آئی ہے شدت شعر کی تاثیر میں

کینوس پر ذہن کے تھے یاد کے پیکر عجیب
پردۂ ماضی سے نکلے چھپ گئے تصویر میں

دشمنوں کے خوف و وحشت کے لئے کافی رہی
جو کھنک باقی تھی زنگ آلود اس شمشیر میں

دفتر و بازار خالی ہر گلی میں خامشی
کیا خبر تھی یہ بھی دن تھے شہر کی تقدیر میں

چاند چھپ جاتا تھا اکثر بادلوں کے درمیان
چاندنی شامل تھی پھر بھی شوخیِ شبگیر میں

بے کراں ہیں لذّتیں رازی، کسی بھی خواب کے
ٹوٹ جانے میں، مکمل ہونے میں، تاخیر میں

jab zubãñ rakhhi hai maine halqa e zanjeer me
tab kahiñ ãyi hai shiddat sher ki tãseer me

canvas par zehn ke thay yãd ke paikar ajeeb
parda e mãzi se nikle, chhap gaye tasweer me

dushmanoñ ke k'hof o wahshat ke liye kãfi rahi
jo khanak bãqi thi zang ãlood us shamsheer me

daftar o bãzãr k'hãli har gali me k'hãmoshi
kyã k'habar thi ye bhi din thay shahr ki taqdeer me

chãnd chhup jãtã tha aksar bãdaloñ ke darmyãn
chãndni shãmil thi phir bhi shok'hi e shabgeer me

be kirãñ haiñ lazzateñ Razi, kisi bhi k'hãb ke
toot' jãney me, mukammal hone me, tãk'heer me

رفتہ رفتہ خواہشیں بھی بے زباں ہوتی گئیں
تلخیاں جب وقت کے سچ کی عیاں ہوتی گئیں

چاند تاروں کی شعاعیں مہر تاباں دیکھ کر
آسماں کی وسعتوں میں خود نہاں ہوتی گئیں

میرے لفظوں پر، خیالوں پر، قلم پر ذہن کی
رفتہ رفتہ کچھ نہ کچھ پابندیاں ہوتی گئیں

رابطے ٹوٹے ہیں، رشتے رہ گئے ہیں نام کے
تلخیاں حائل دلوں کے درمیاں ہوتی گئیں

یہ زمین و آسماں رازی یہ دلکش کائنات
ایک نقطے سے ہزاروں کہکشاں ہوتی گئیں

rafta raftã khãhisheñ bhi bezubãñ hoti gayiñ
talkhiyãñ jab waqt ke sach ki ayãñ hoti gayiñ

chãnd tãroñ ki shuã.eñ mehr e tãbãñ dekh kar
ãsmãñ ki wus'atoñ me khud nihãñ hoti gayiñ

mere lafzoñ par, khayaloñ par, qalam par zehn ki
rafta raftã kuchh na kuchh pãbandiyãñ hoti gayiñ

rãbtay tootay haiñ, rishtay rah gaye haiñ nãm ke
talkhiyãñ hãil diloñ ke darmayãñ hoti gayiñ

ye zameen o ãsmãñ Razi ye dilkash kãinãt
aik nuqtay se hazãroñ kahkashãñ hoti gayiñ

آج پھر دل بھَرا بھَرا سا ہے
کچھ محبت میں مبتلا سا ہے

دل کا انداز دلربا ہے مگر
دشمنوں سے مِلا ہوا سا ہے

میری باتوں سے کیوں خفا ہو تم
میرا ہر لفظ آئینا سا ہے

تم تو خوش تھے ہمارے جانے سے
پھر گلا کیوں بھرا بھرا سا ہے

خواہشیں، رنجشیں، پشیمانی
دل میں کیا کیا دبا ہوا سا ہے

اشک کا پیڑ کٹ گیا رازؔی
دل کا آنگن کھلا کھلا سا ہے

ãj phir dil bharã bharã sã hai
kuchh muhabbat me mubtilã sã hai

dil ka andãz dilrubã hai magar
dushmano se milã huã sã hai

meri bãtoñ se kyuñ k͟hafã ho tum
mera har lafz ãinã sã hai

tum to k͟hush the hamãre jãnay se
phir galã kyuñ bharã bharã sã hai

k͟hãhisheñ, ranjisheñ, pashaimãni
dil me kyã kyã dabã huã sã hai

ashk kã per kat̤ gayã Razi
dil ka ãñgan khulã khulã sã hai

ممکن ہے تری بات کا سچ جھیل نہ پائیں
پھر بھی اسے سننے کو پریشان بہت ہیں

یہ دردِ زمانہ بھی ہے، دشمن بھی ہیں، غم بھی
پھر بھی دلِ مایوس میں ارمان بہت ہیں

وہ شہر، وہ گلیاں، وہ حکایت، وہ شکایت
رازؔی سے ملاقات کے سامان بہت ہیں

mumkin hai teri bãt ka sach jhail na pãyeñ
phir bhi usay sun-nay ko pareshãn bahot haiñ

ye dard e zamãnã bhi hai dushman bhi haiñ g͟ham bhi
phir bhi dil e mãyoos me armãn bahot haiñ

wo shahr wo galiyãñ wo hikãyat wo shikãyat
Razi se mulãqãt ke sãmãn bahot haiñ

چھپا سکے نہ رخ ایسا حجاب کیا کیجئے
ہے رقصِ چشم سرِ ماہتاب کیا کیجئے

کسی کی بات پہ یوں دل خراب کیا کیجئے
ہیں ایسے لوگ یہاں بے حساب کیا کیجئے

غلط روی کو وہ کہتے ہیں اپنی مجبوری
کہے کوئی تو کہیں گے، جناب کیا کیجئے

نہ پوری کر سکے اپنی ہم آرزوئے غزل
نہ کام آئے یہ لفظوں کے خواب کیا کیجئے

غزل سرا جو ہوا آج بزم میں رازؔی
نکھر رہا ہے غزل کا شباب کیا کیجئے

chhupã sakay na rukh aisã hijãb kyã kiije
hai raqs e chashm sar e mãhtãb kyã kiije

kisi ki bãt pe yuñ dil kharãb kyã kiije
haiñ aise log yahãñ behisãb, kyã kiije

ghalatrawi ko wo kahtay haiñ apni majboori
kahe koi to kahayñge, janãb kyã kiije

na poori kar sakay apni ham ãrzoo e ghazal
na kãm ãye ye lafzoñ ke khãb kyã kiije

ghazal sarã jo huã ãj bazm me Razi
nikhar rahã hai ghazal kã shabãb kyã kiije

لیلیٰ کی کہانی تھی، مجنوں کے وہ قصّے تھے
جب خود پہ نہ گزری تھی، سب شوق سے پڑھتے تھے

دشمن کی صفوں میں یوں شامل تھے کچھ اپنے بھی
ہم پیار کے بھوکے تھے، وہ خون کے پیاسے تھے

اب روز ہے ہنگامہ، ہر بات پہ جھگڑے ہیں
نالاں ہیں بڑے ہوکر، بچّے تھے تو اچھے تھے

یہ آنکھیں کھلیں جیسے، ہم روئے بہت رازؔی
جو خواب بھی دیکھے تھے، تعبیر کے جھوٹے تھے

Lailã ki kahãni thi, Majnuñ ke wo qissay thay
jab khud pe na guzri thi sab shauq se parhte thay

dushman ki safoñ me yuñ shãmil the kuchh apne bhi
ham pyãr ke bhookay the wo khoon ke pyãsay thay

ab roz hai hangãmã, har bãt pe jhagray haiñ
nãlãñ haiñ bade ho kar, bachhe the to achhe thay

ye ãnkheñ khuliñ jaise, ham roye bahot Razi
jo khãb bhi dekhay thay, tãbeer ke jhootay thay

دل کو ہم مائل غم دیکھتے ہیں
غم کو مائل بہ کرم دیکھتے ہیں

جب کوئی بھی نہ ہمیں دیکھتا ہو
وہ ہمیں اور انہیں ہم دیکھتے ہیں

چھو کے دکھتی سی رگوں کو اپنی
دکھ زیادہ ہے کہ کم دیکھتے ہیں

مسئلے زیست کے الجھے ہیں بہت
آپ چھوڑیں اِنھیں ہم دیکھتے ہیں

قصۂ زیست بہ عنوانِ غم
لکھ سکے گا یہ قلم؟ دیکھتے ہیں

بات کیا ہے کہ مرے ہاتھوں میں
انگبیں کو بھی وہ سم دیکھتے ہیں

چال ٹیڑھی ہے کہ سیدھی رازی
چلنے والوں کے قدم دیکھتے ہیں

dil ko ham mãil e g̈ham dekhte haiñ
g̈ham ko mãil ba karam dekhte haiñ

jab koi bhi na hameñ dekhta ho
wo hameñ aur unheñ ham dekhte haiñ

chhoo ke dukhti si ragoñ ko apni
dukh ziyãdã hai ke kam, dekhte haiñ

mas'alay zeest ke uljhay haiñ bahot
ãp chhoṙayñ inhe ham dekhte haiñ

qissa e zeest ba unwãn e g̈ham
likh sakegã ye qalam? dekhte haiñ

bãt kyã hai ke meray hãthoñ me
angbeeñ ko bhi wo sam dekhte haiñ

chãl ṫeṙhi hai ke seedhi Razi
chalne wãloñ ke qadam dekhte haiñ

پھر مرے دل کا زور ٹوٹ گیا
قید سے عشق آج چھوٹ گیا

غم کے ہاتھوں اسے جو ٹھیس لگی
شیشۂ دل گرا تو ٹوٹ گیا

اپنی خودداریوں کا سرمایہ
کیا بتاؤں کہ کون لوٹ گیا

جھوٹ سچ کی تھیں گتھیاں وہ سب
انکی باتوں پہ جھوٹ موٹ گیا

کیوں مرے دل سے کھیلئے رازؔی
یہ کھلونا تو ٹوٹ پھوٹ گیا

phir meray dil ka zor toot́ gayã
qaid se ishq ãj chhoot́ gayã

gh́am ke hãthoñ usay jo t́hais lagi
sheesha e dil girã to toot́ gayã

apni kh́uddãrioñ ka sarmãyã
kyã batãuñ ke kon loot́ gayã

jhhoot́ sach ki thiñ guthhiyãñ wo sab
unki bãtoñ pe jhoot́ moot́ gayã

kyuñ meray dil se khailiye Razi
ye khilonã to toot́ phoot́ gayã

ابھی تک ہوں میں تیرے نام باقی
ابھی ہے جھیلنا انجام باقی

مرا نام و نشاں مٹ جائے تو کیا
رہے اُنکا نشان و نام باقی

چلو پھر ایک کوشش کر کے دیکھیں
کہ موقع ہے دل ناکام باقی

بری مجرم ہوا اور میرے سر ہے
کسی کے جرم کا الزام باقی

بہت بے رنگ اب یہ دوستی ہے
محبت ہے برائے نام باقی

ہوئیں خوشبو کی باتیں ختم رآزی
رہا کیا اب گلوں کا کام باقی

abhi tak huñ maiñ tere nãm bãqi
abhi hai jhelnã anjãm bãqi

merã nãm o nishãñ miṭ jãye to kyã
rahe unka nishãn o nãm bãqi

chalo phir ek koshish kar ke dekheñ
ke mauqã hai dil e nãkãm bãqi

bari mujrim huã aur mere sar hai
kisi ke jurm kã ilzãm bãqi

bahot berang ab ye dosti hai
muhabbat hai barã e nãm bãqi

huweeñ khushboo ki bãteñ khatm Razi
rahã kyã ab guloñ kã kãm bãqi

ہجر بالکل گوارا نہیں ہے
اب بنا تیرے چارا نہیں ہے

ڈگمگاتی ہے کشتی ہماری
ہاں مگر بے سہارا نہیں ہے

موت کے بعد بھی زندگی ہے
زندگی کا کنارا نہیں ہے

ہے تو سب کچھ میسّر جہاں میں
جبکہ کچھ بھی ہمارا نہیں ہے

اک چمکدار سورج ہے رازؔی
کوئی جھلمل ستارا نہیں ہے

hijr bilkul gawãrã nahi hai
ab binã tere chãrã nahi hai

dagmagãti hai kashti hamãri
hãñ magar be sahãrã nahi hai

maut ke bãd bhi zindagi hai
zindagi kã kinãrã nahi hai

hai to sabkuchh moyassar jahãñ me
jab ke kuchh bhi hamãrã nahi hai

ek chamakdãr sooraj hai Razi
koi jhilmil sitãrã nahi hai

روئے زمیں پہ یوں نہ اکڑ کر چلا کریں
نیچی نگاہ کر کے زمیں پر چلا کریں

کچھ کام اپنی عقل سے لینا ہے لازمی
پھر بھی بڑوں کا ہاتھ پکڑ کر چلا کریں

جن کے قدم کی خاک سے دنیا بدل گئی
ہم صرف ان کے نقشِ قدم پر چلا کریں

رازؔی بہت وسیع ہیں خوابوں کے آسمان
اچّھا ہے آپ اپنی زمیں پر چلا کریں

roo e zameeñ pe yuñ na akaṛ kar chalã kareñ
niichi nigãh kar ke zameeñ par chalã kareñ

kuchh kãm apni aql se lenã hai lãzmi
phir bhi baṛoñ ka hãth pakaṛ kar chalã kareñ

jinke qadam ki khãk se dunya badal gayi
ham sirf unke naqsh e qadam par chalã kareñ

Razi bahot wasii haiñ khãboñ ke ãsmãn
achhã hai ãp apni zameeñ par chalã kareñ

ہے تیری وجہ سے یہ دل زار کیا کہیں
یہ اشک آ کے چھوتے ہیں رخسار کیا کہیں

رہنے بھی دے اے ذہن دل بے لگام کو
پیچھے پڑا ہوا ہے تو بیکار کیا کہیں

تعریف کر کے کام نکلوا رہے ہیں وہ
لٹتے ہیں بن کے آپ سمجھدار کیا کہیں

دشمن کے ڈر سے بند ہیں بازار و کاروبار
بیٹھیں ہیں لوگ گھر میں گرفتار کیا کہیں

رازؔی جو رکھ دیا تھا چراغ اسکے طاق پر
نالاں ہے ہم سے گھر کی وہ دیوار کیا کہیں

hai teri wajh se ye, dil e zãr kyã kaheñ
ye ashk ã ke chhoote haiñ rukhsãr kyã kaheñ

rahne bhi de aye zehn dil e be lagãm ko
peechhay parã huwã hai tu bekãr kyã kaheñ

tãreef kar ke kãm nikalwã rahe haiñ wo
lut-tay haiñ ban ke ãp samajhdãr kyã kaheñ

dushman ke dar se band haiñ bãzãr o kãrobãr
baithe haiñ ghar me log giraftãr kyã kaheñ

Razi jo rakh diyã tha chirãg uske tãq par
nãlãñ hai hamse ghar ki wo deewãr kyã kaheñ

ہے تپتی ریت سی دنیا ہماری
کوئی خوابوں کی پھلواری نہیں ہے

گنہ گاروں کی صف میں ہوں میں لیکن
مرے شیوے میں غدّاری نہیں ہے

لکھوں اشعار میں غالبؔ سے اچھے
مری ایسی بھی تیاری نہیں ہے

دماغ و دل کی یہ پاکیزگی ہے
عبادت ہے اداکاری نہیں ہے

اے رازؔی ہے یہ آزادی کا سودا
محبت میں گرفتاری نہیں ہے

hai tapti rait si dunyã hamãri
koi khãboñ ki phulwãri nahi hai

gunah gãroñ ki saf me huñ maiñ lekin
meray shaiway me gaddari nahi hai

likhuñ ash'ãr mai Ghalib se achhe
meri aisi bhi tayyãri nahi hai

dimãg o dil ki ye pãkizgi hai
ibãdat hai adãkãri nahi hai

aye Razi hai ye ãzãdi ka saudã
muhabbat me giraftãri nahi hai

درد بڑھتے ہوئے پھر زینہ بہ زینا دیکھا
چاک دل، چاک جگر، چاک یہ سینا دیکھا

ہم نے محلوں کی مکانوں کی رہائش دیکھی
اور فٹپاتھ پہ بھی لوگوں کا جینا دیکھا

تیری دیواروں میں شامل ہے غریبوں کا لہو
تیری روٹی میں غریبوں کا پسینا دیکھا

جس نے ہلکی سی کوئی لہر نہ دیکھی تھی کبھی
آج طوفاں میں پھنسا اُسکا سفینا دیکھا

دیکھا لوگوں سے ملاقات کا موسم رازی
اور تنہائی کا ایسا بھی مہینا دیکھا

dard barhtay hue phir zeena ba zeenã dekhã
chãk dil, chãk jigar, chãk ye seenã dekhã

ham ne mahloñ ki makãnoñ ki rehãish dekhi
aur footpath pe bhi logoñ ka jeenã dekhã

teri deewãroñ me shãmil hai ghareeboñ ka lahoo
teri roti me ghareeboñ ka paseenã dekhã

jisne halki si koi lahr na dekhi thi kabhi
ãj toofãñ me phañsã uska safeenã dekhã

dekha logoñ se mulãqãt ka mausam Razi
aur tanhãi ka aisã bhi maheenã dekhã

جگر کا درد زباں بھی بیاں نہ کر پائی
قلم اٹھایا مگر لکھ سکا نہ دل کی بات

ہے ایک بات تمہیں رنجش و گلا کیوں ہے
کہ تین چار کہو تم میں بولوں پانچ دو سات

ہوا خلل سے ترے حسن فکر کا مجروح
وہ کھوئے کھوئے سے بیٹھے تھے رکھ کے گال پہ ہات

یہ لوگ کیسے ترقّی پسند ہیں رآزی
یہ کس خیال میں بیٹھے ہیں رکھ کے ہاتھ پہ ہات

jigar ka dard zubãñ bhi bayãñ na kar pãyi
qalam uťhãya magar likh sakã na dil ki bãt

hai ek bãt tumheñ ranjish o gilã kyuñ hai
ke teen chãr kaho tum, mai boluñ pãñch do sãt

huã k͟halal se teray husn fikr kã majrooh
wo khoye khoye se baiťhay the rakh ke gãl pe hãt

ye log kaise taraqqi pasand haiñ Razi
ye kis k͟hayãl me baiťhay haiñ rakh ke hãth pe hãt

غم کے بادل جو چھائے خیالات میں
وہ بھی رونے لگے بات ہی بات میں

بے خبر تھے مگر ایک ہی بات تھی
میرے خوابوں میں، انکے خیالات میں

میں پرایا ہوا جب تمہارے لئے
آج رکھا ہے کیا میرے جذبات میں

یہ ہے انصاف مجرم بَری ہو گئے
اور ہم پِس رہے ہیں حوالات میں

ایک ذرّہ بھی رازؔی سے بہتر رہا
انکی گلیوں میں انکے محلاّت میں

g͟ham ke bãdal jo chhãye k͟hayãlãt me
wo bhi ronay lagay bãt hi bãt me

bek͟habar thay magar aik hi bãt thi
mere k͟hãboñ me unke k͟hayãlãt me

maiñ parãyã huã jab tumhãre liye
ãj rakhã hai kyã mere jazbãt me

ye hai insãf mujrim bari ho gaye
aur ham pis rahe haiñ hawãlãt me

ek zarrã bhi Razi se behtar rahã
unki galiyoñ me unke mahallãt me

ہو جاتا سچ یہ میرا بھرم سوچتا ہوں کاش
ہو جاتے میرے تم، اے صنم سوچتا ہوں کاش

میں مر چکا ہوں، قبر میں ارماں کی دفن ہوں
اب دوسرا بھی ہوتا جنم سوچتا ہوں کاش

ان راستوں پہ پھر مرا پیرو نہ ہو کوئی
مٹ جائیں میرے نقش قدم سوچتا ہوں کاش

ho jãta sach ye mera bharam sochtã hu kãsh
ho jãtay mere tum aye sanam sochtã hu kãsh

maiñ mar chukã hu, qabr me armãñ ki dafn huñ
ab dusrã bhi hota janam sochtã hu kãsh

in rãstoñ pe phir mera pairoo na ho koi
miṭ jãyeñ mere naqsh e qadam sochtã hu kãsh

دوستی کر کے ہمنوا بن کر
لوٹ لیتے ہیں آشنا بن کر

آج پھر غمزدہ پلوں کی چلی
زندگی میری آئینا بن کر

ایک دھوکہ ہے وعدۂ فردا
عمر کٹتی رہی سزا بن کر

لقمہ فرق و انتشار ہوئی
جیت آئی تھی ایکتا بن کر

ایک سائل کی جھوپڑی کی طرح
ٹوٹتا ہوں ذرا ذرا بن کر

اس پرندے کا وقت ختم ہوا
جب مکمل تھا گھونسلہ بن کر

آج بھی دل پہ نقش ہیں رازی
ان کے الفاظ فلسفہ بن کر

dosti kar ke hamnawã ban kar
looṫ letay haiñ ãshnã ban kar

ãj phir ghamzadã paloñ ki chali
zindagi meri ãyinã ban kar

aik dhokã hai wãda e fardã
umr kaṫ-ti rahi sazã ban kar

luqma e farq o intashãr huwi
jeet ãyi thi ektã ban kar

aik sã'il ki jhopṙi ki tarah
ṫooṫ-tã hu zarã zarã ban kar

us parinday ka waqt khatm huwã
jab mukammal tha ghoñslã ban kar

ãj bhi dil pe naqsh haiñ Razi
unke alfãz falsafã ban kar

کئے جاتا ہوں اچھے کام اسکے نام کرتا ہوں
گنہ کرتا ہے وہ، میں اپنے سر الزام کرتا ہوں

پسند آئی ہے مجھ کو عالم برزخ کی رعنائی
ٹھہر اے دل کی دھڑکن میں ذرا آرام کرتا ہوں

برائی کی طرف میں بھی بڑھاتا ہوں قدم لیکن
خود آگے بڑھ کر اپنی سازشیں ناکام کرتا ہوں

کہیں گے لوگ دیکھو قابل تعریف ہے رازؔی
اسی ڈر سے تو میں چھپ چھپ کے اپنے کام کرتا ہوں

kiye jãtã hu achhay kãm uskay nãm kartã huñ
gunah kartã hai wo, maiñ apne sar ilzãm kartã huñ

pasand ãyi hai mujhko ãlam e barzakh ki rãnãyi
thahar aye dil ke dharkan maiñ zarã ãrãm kartã huñ

burãyi ki taraf maiñ bhi badhãtã huñ qadam lekin
khud ãgay barh kar apni sãzisheñ nãkãm kartã huñ

kaheñge log dekho qãbil e tãreef hai Razi
isi dar se to mai chhup chhup ke apnay kãm kartã huñ

بڑھی ہیں دھڑکنیں کیوں، بات کیا ہے؟
جو سانسوں کو سنبھالا جا رہا ہے

ہوا ہے شمع سا یہ غم کا پیکر
بدن بھی موم ہوتا جا رہا ہے

تراشے ہے کوئی لفظوں سے دل کو
کوئی شیشے سے پتھر کاٹتا ہے

ہے کچھ تو آشنائی اس فضا میں
وہی موسم وہی ٹھنڈی ہوا ہے

گزر جائے گا مشکل وقت رازی
یہ ہا و ہو میں کیا رکھا ہوا ہے

barhi haiñ dharkaneñ kyuñ, bãt kyã hai?
jo sãñsoñ ko sambhãlã jã rahã hai

huã hai shamma sã ye gham ka paikar
badan bhi mom hotã jã rahã hai

tarãshay hai koi lafzoñ se dil ko
koi sheeshay se patthar kat-tã hai

hai kuchh to ãshnãyi is fizã me
wahi mausam wahi thandi hawã hai

guzar jãyega mushkil waqt Razi
ye hã o huu me kyã rakhhã huã hai

اپنے سائے سے حال دل پوچھا
خوب اک دوسرے کو سمجھایا

قصۂ زیست جب پڑھا اپنا
جا بہ جا تیرا تذکرہ پایا

اچھا ہوگا یہ، وہ برا ہوگا
کچھ اسی فکر میں نہ کر پایا

ہے یہاں ہر طرف نظر بندی
دنیا داری ہے موہ اور مایا

کوئی گونگا رہا یہاں رآزی
کوئی اپنی زباں پہ اترایا

apne sãye se hãl e dil poochhã
khoob ek doosray ko samjhãyã

qissa e zeest jab parhã apnã
jã ba jã tera tazkirã pãyã

achhã hogã ye, wo burã hogã
kuchh isi fikr me na kar pãyã

hai yahãñ har taraf nazarbandi
dunyadãri hai moh aur mãyã

koi gooñgã rahã yahãñ Razi
koi apni zubãñ pe itrãyã

اس سے پہلے کہ کوئی بات کروں
سیر و تفریح کائنات کروں

چپ رہوں یہ ترا اشارہ ہے
ورنہ کیسے نہ تجھ سے بات کروں

پھر اسی فکر میں کٹے دن رات
کیسے دن کاٹوں کیسے رات کروں

بات کھل جائے گی سرِ محشر
کیوں میں دنیا میں ذات پات کروں

وہ ہیں مغرور تو بہتر ہے یہی
ان سے ملنے میں احتیاط[1] کروں

اس سے پہلے کہ بھول جاؤں میں
فکرِ کاغذ، قلم، دوات کروں

جو ضروری ہے وہ ملے رازی
کیا میں اظہار خواہشات کروں

ا۔ صوتی آہنگ

isse pahlay ke koi bãt karuñ
sair o tafreeh e kãinãt karuñ

chup rahuñ ye terã ishãrã hai
warna kaise na tujhse bãt karuñ

phir isii fikr me kaṫay din rãt
kaise din kãṫuñ kaise rãt karuñ

bãt khul jãyegi sar e mahshar
kyuñ mai dunyã me zãt pãt karuñ

wo haiñ maghroor to behtar hai yahi
unse milnay me ehtiyãt karuñ

is se pahle ke bhool jãuñ maiñ
fikr e kãgaz, qalam, dawãt karuñ

jo zaroori hai wo milay Razi
kyã maiñ izhãr e khãhishãt karuñ

کھویا کھویا میں ان کے سوالوں میں تھا
کیا پتا میں کہاں کن خیالوں میں تھا

رات بھر ذہن یادوں میں الجھا ہوا
چاند کی ان شعاعوں کے جالوں میں تھا

کچھ تو خوشبو تری رہ گئی آس پاس
کچھ اثر اُسکا خالی پیالوں میں تھا

میں نہیں کہہ سکا اور نہ وہ کہہ سکے
جو مرے خواب، ان کے خیالوں میں تھا

درد ڈالی سے اس ٹوٹتے پھول کا
سونی شاخوں میں، بلبل کے نالوں میں تھا

شوق رازؔی کو پھر ان کے دیدار کا
زیست کے آخری چند سالوں میں تھا

khoya khoyã mai unkay sawãloñ me thã
kyã patã maiñ kahañ kin k͟hayãloñ me thã

rãt bhar zehn yãdoñ me uljhã huwã
chãnd ki un shuãoñ ke jãloñ me thã

kuchh to k͟hushboo teri rah gayi ãs pãs
kuchh asar uska k͟hãli peyãloñ me thã

maiñ nahi kah sakã aur na wo kah sakay
jo meray k͟hãb unke k͟hayãloñ me thã

dard dãli se us toot-tay phool ka
sooni shãk͟hoñ me bulbul ke nãloñ me thã

shauq Razi ko phir unke deedãr kã
zeest ke ãk͟hri chand sãloñ me thã

اسی پرانی کہانی کی اک کڑی بن کر
تمھارے شہر میں آیا ہوں اجنبی بن کر

یہ ابرِ غم بھی برستے یہاں خوشی بن کر
وہ کاش ملتے کبھی مجھ سے زندگی بن کر

وہ کل کے قہر سے جو رو کے چپ ہوئے بھی نہیں
بہا ہے خون یہاں آج پھر ندی بن کر

ہر ایک لفظ رہا قصۂ گراں کی طرح
ہر ایک لمحہ گزرتا رہا صدی بن کر

وہ ایک کلمہ کہ جس سے تھی زندگی راز‌ی
زباں پہ آیا ہے پھر لفظِ آخری بن کر

usi purãni kahãni ki ek kaṙi ban kar
tumhãre shahr me ãyã hu ajnabi ban kar

ye abr e g̔ham bhi barastay yahãñ k̔hushi ban kar
wo kãsh miltay kabhi mujhse zindagi ban kar

wo kal ke qahr se jo ro ke chup huwe bhi nahi
bahã hai k̔hoon yahañ ãj phir nadi ban kar

har aik lafz rahã qissa e girãñ ki tarah
har aik lamha guzartã rahã sadee ban kar

wo aik kalma ke jissay thi zindagi Razi
zubãñ pe ãya hai phir lafz e ãk̔hri ban kar

ہٹ کے کچھ عالمِ کتابی سے
آؤں باہر میں نیم خوابی سے

عیش میں کھو گئی وراثت بھی
دشمنی تھی اسے نوابی سے

صرف نیکی کا ہے صلہ نیکی
یہ خرابی تو ہے خرابی سے

ٹیڑھی انگلی سے گھی نکلتا ہے
تالے کھلتے ہیں اپنی چابی سے

وقت کی ہے جنھیں سمجھ رازی
سرخ رو ہیں وہ کامیابی سے

haṫ ke kuchh ãlam e kitãbi se
ãuñ bãhar mai neem k͟hãbi se

aish me kho gayi virãsat bhi
dushmani thi usay nawãbi se

sirf neki ka hai silã neki
ye k͟harãbi to hai k͟harãbi se

ṫedhi ungli se ghi nikaltã hai
tãle khultay haiñ apni chãbi se

waqt ki hai jinheñ samajh Razi
surk͟h roo haiñ wo kãmyãbi se

وہ درمیان کتاب آیا
پرانا سوکھا گلاب آیا

میں پڑھنے لکھنے کو گھر سے نکلا
گیا تھا اچھا، خراب آیا

سوال اچھا کیا تھا لیکن
جواب بھی لاجواب آیا

پسند میری وہی تھے شاید
میں انکا تھا انتخاب آیا

ورق پہ جذبات کے تمھارے
ہر ایک پل کا حساب آیا

عوام نے ظالموں کے سر سے
گرائے تاج انقلاب آیا

وہ رات بھی بے سکوں تھی رازی
کہ جب بھی سوئے تو خواب آیا

wo darmayãn e kitãb ãyã
purãna sookhã gulãb ãyã

mai padhne likhne ko ghar se niklã
gayã tha achhã k͟harãb ãyã

sawãl achhã kiyã tha lekin
jawãb bhi lãjawãb ãyã

pasand meri wahi thay shãyad
mai unka thã intak͟hãb ãyã

waraq pe jazbãt ke tumhãray
har aik pal kã hisãb ãyã

awãm ne zãlimoñ ke sar se
girãye tãj, inqalãb ãyã

wo rãt bhi be sukooñ thi Razi
ke jab bhi soye to k͟hãb ãyã

بے اختیار دل پہ مرے اعتبار کر
میں آ گیا ہوں خانۂ الفت سے ہار کر

کافی تھا ایک لفظ بھی میرے سکون کو
کیا فائدہ ہوا ہے بہانے ہزار کر

میرا یقین عشرتِ دنیا سے اٹھ گیا
کچھ تو علاجِ دردِ دلِ بیقرار کر

کچھ لوگ اپنے عزم پہ قربان ہو گئے
ایسوں کا ذکر ہو تو مجھے بھی شمار کر

دونوں جہاں کی نعمتیں تجھ پر نثار ہوں
رازی زمیں پہ ایسی روش اختیار کر

be ikhtiyãr dil pe meray aitbãr kar
maiñ ã gayã huñ khãna e ulfat se hãr kar

kãfi tha aik lafz bhi mere sukoon ko
kyã fãidã huã hai bahãnay hazãr kar

mera yaqeen ishrat e dunyã se uth gayã
kuchh to ilãj e dard e dil e be qarãr kar

kuchh log apne azm pe qurbãn ho gaye
aisoñ ka zikr ho to mujhay bhi shumãr kar

dono jahãñ ki nemateñ tujhpar nisãr hoñ
Razi zameeñ pe aisi rawish ikhtiyãr kar

جھوٹے سہی وہ خواب جو آنکھوں میں پل گئے
پل بھر کے واسطے چلو ہم بھی بہل گئے

نظریں ملیں تو کل کے یہ آنسو رکے ہوئے
یوں خون بن کے پھر مری آنکھوں سے ڈھل گئے

جی بھر کے بات کر لوں، نظر بھر کے دیکھ لوں
مہلت ہے مختصر سی یہ، آج آئے، کل گئے

آنکھیں کھلیں تو جسم تھے شعلوں کی سیج پر
دل خواہ مخواہ وصل کے خوابوں میں جل گئے

قُربت سے روشنی تھی غریبی کے غار میں
رشتوں کے پھول دھوپ میں دولت کی جل گئے

رازؔی زمیں ادب کی بھی روشن ہے علم سے
اس آسماں پہ کتنے ہی سورج نکل گئے

jhootay sahi wo k͟hāb jo āñkhoñ me pal gaye
pal bhar ke wāstay chalo ham bhi bahal gaye

nazreñ mileeñ to kal ke ye āñsoo rukay huwe
yuñ k͟hoon ban ke phir meri āñkhoñ se dhal gaye

jii bhar ke bāt kar luñ, nazar bhar ke dekh luñ
mohlat hai muk͟htasar si ye, āj āye, kal gaye

āñkheñ khuliñ to jism the sholoñ ki saij par
dil k͟hahmak͟hāh wusl ke k͟hāboñ me jal gaye

qurbat se roshni thi g͟hareebi ke g͟hār meñ
rishtoñ ke phool dhoop me daulat ki jal gaye

Razi zameeñ adab ki bhi roshan hai ilm se
is āsmāñ pe kitne hi sooraj nikal gaye

چپّا چپّا کونا کونا شہر کا ہم نے چھانا ہے
پھر بھی ہے ہر راہ نئی، ہر موڑ یہاں انجانا ہے

وقت کی گاڑی سے لے کر انجان محلّے پہنچ گیا
ساز ہے جانا پہچانا سا نغمہ بہت پرانا ہے

نظریں غیر کی چیزوں پر ہیں، ایمانوں کی خیر نہیں
فرق وہ شاید بھول گئے کیا اپنا کیا بیگانا ہے

دن کے اُجلے پن میں شب کی تاریکی ہم بھول گئے
شور شرابا کر کے تھک کر رات کو پھر سو جانا ہے

آج کتابیں دیکھیں انکی، اصل وہاں معلوم ہوئی
لفظوں کے سوداگر ہیں، کچھ کرنا کچھ فرمانا ہے

آہ کہ فانی خوشیاں لے کر دنیا ہے اور رازی ہے
غافل ہے بے رحمی سے یہ شمع ہے وہ پروانا ہے

chappã chappã konã konã shahr ka hamne chhãnã hai
phir bhi hai har rãh nayi, har moṙ yahãñ anjãnã hai

waqt ki gadi se le kar anjãn muhallay pahuñch gayã
sãz hai jãnã pahchãnã sa nag͟hmã bahot purãnã hai

nazreñ ghair ki cheezoñ par haiñ, eemãnoñ ki k͟hair nahi
farq wo shãyad bhool gaye, kyã apnã kyã begãnã hai

din ke ujlepan me shab ki tãreeki ham bhool gaye
shor sharãbã kar ke thak kar rãt ko phir so jãnã hai

ãj kitãbeñ dekhiñ unki asl wahãñ maloom hui
lafzoñ ke saudãgar haiñ kuchh karnã kuchh farmãnã hai

ãh ke fãni k͟hushiyãñ lekar dunyã hai aur Razi hai
g͟hafil hai berahmi se ye shamma hai wo parwãnã hai

زیر لب مسکرا کے پڑھتے ہیں
ایسا کیا ہے چھپا کے پڑھتے ہیں

جب صحیفے خدا کے پڑھتے ہیں
با وضو سر جھکا کے پڑھتے ہیں

ناپتے ہیں لکیروں سے قسمت
ہاتھ یوں دل لگا کے پڑھتے ہیں

اب تو ہر بات پر ہے طعنہ زنی
وہ تو خبریں سنا کے پڑھتے ہیں

صُبح جب امتحان ہے رازؔی
رات بھر دل لگا کے پڑھتے ہیں

zer e lab muskurã ke parhtay haiñ
aisa kyã hai chhupã ke parhtay haiñ

jab saheefay khudã ke parhtay haiñ
bãwuzu sar jhukã ke parhtay haiñ

nãptay haiñ lakeeroñ se qismat
hãth yuñ dil lagã ke parhtay haiñ

ab to har bãt par hai tãna zani
wo to khabreñ sunã ke parhtay haiñ

subh jab imtahãn hai Razi
rãt bhar dil lagã ke parhtay haiñ

اگر خوشی سے ہمارے گھر آنا ہو تو کہہ دو
کہ بعد میں پھر لگے کہ پچھتانا ہو تو کہہ دو

جلائے جاتے ہیں جنکے گھر اب وہی ہیں مجرم
اگر عدالت کا یہ ہی پیمانا ہو تو کہہ دو

تمھارے دل کا یہ حال ہے اب تو عذر کیا ہے
مرے چلے جانے سے یہ ویرانا ہو تو کہہ دو

یہ لوگ وہ ہیں جو اپنے رشتوں کو بھول بیٹھے
اگر کسی نے بھی ہم کو پہچانا ہو تو کہہ دو

میں اس گریباں دریدہ رازؔی کو ڈھونڈتا ہوں
تمھاری نظروں میں ایسا دیوانا ہو تو کہہ دو

agar khushi se hamãre ghar ãna ho to kah do
ke bãd me phir lagay ke pachhtãna ho to kah do

jalãye jãte haiñ jinke ghar ab wahi haiñ mujrim
agar adãlat ka ye hi paimãna ho to kah do

tumhãre dil ka ye hãl hai ab to uzr kyã hai
meray chalay jãne se ye weerãna ho to kah do

ye log wo haiñ jo apne rishtoñ ko bhool baiṫhay
agar kisi ne bhi hamko pahchãna ho to kah do

mai us giraibãñ dareeda Razi ko dhooñdhtã huñ
tumhãri nazroñ me aisa deewãna ho to kah do

کسی سے مل کے کسی کو برا سا لگتا ہے
بڑا گناہ ہے گرچہ ذرا سا لگتا ہے

ہزاروں سال سے گرم سفر ہے چاند مگر
وہ آج رات مجھے کچھ تھکا سا لگتا ہے

جو ایک لفظ بھی ماں کی زباں پہ آ جائے
وہ حرف حرف مکمل دعا سا لگتا ہے

تمھاری چھت کی وہ رونق وہ چاندنی راتیں
تمھارا گھر تو محبت کدا سا لگتا ہے

تمام عمر اسی شہر میں کٹی رازی
پھر آج کیا ہے کہ سب کچھ نیا سا لگتا ہے

kisi se mil ke kisi ko burã sa lagtã hai
badã gunãh hai garche zarã sa lagtã hai

hazãroñ sãl se garm e safar hai chãnd magar
wo ãj rãt mujhe kuchh thakã sa lagtã hai

jo aik lafz bhi mãñ ki zubãñ pe ã jãye
wo harf harf mukammal duã sa lagtã hai

tumhãri chhat ki wo ronaq wo chãndni rãteñ
tumhãra ghar to muhabbat kadã sa lagtã hai

tamãm umr usi shahr me kati Razi
phir ãj kyã hai ke sab kuchh nayã sa lagtã hai

سکونِ دل کی ہر اک شئے میں جستجو رکھئے
نہ مل سکے، نہ ملے لیکن آرزو رکھئے

اگر ہے ان سے رفاقت تو یہ ضروری ہے
وہ رنج ہوں تو رہیں، رسمِ گفتگو رکھئے

گناہگار ہیں اب ان کے در پہ کس منہ سے
کہیں کہ سنئے ہماری بھی آبرو رکھئے

کہیں بھی جائیں تو محفل کی جان بن جائیں
خموشیوں میں بھی انداز ہاؤ ہو رکھئے

یہ زندگی بھی ہے شطرنج کی طرح رازی
ہمیشہ پیشِ نظر سازشِ عدو رکھئے

sukoon e dil ki har ik shai me justujoo rakhiye
na mil sakay, na milay lekin ãrzoo rakhiye

agar hai unse rafãqat to ye zaroori hai
wo ranj hoñ to raheñ, rasm e guftugoo rakhiye

gunãhgãr haiñ ab unke dar pe kis muh se
kaheñ ke suniye, hamãri bhi ãbroo rakhiye

kahiñ bhi jãyeñ to mahfil ki jãn ban jãyeñ
k'hamoshiyoñ me bhi andãz e hã o hoo rakhiye

ye zindagi bhi hai shatranj ki tarah Razi
hamesha pesh e nazar sãzish e adoo rakhiye

آواز ہم اٹھائیں گے کردار دیکھ کر
ڈرتے نہیں ہیں ہاتھ میں تلوار دیکھ کر

کچھ تو بتائیں جن کو حکومت پہ ناز ہے
کیا بولنا ہے کوچہ و بازار دیکھ کر

آئے تھے میرے قتل کو تیّاریوں کے ساتھ
تیغیں پلٹ گئیں مجھے تیّار دیکھ کر

کرنے لگے قلم یہاں ڈر کی غلامیاں
بولی لگی زباں کی خریدار دیکھ کر

رکھتے تھے ہم کھِلونے یہیں تتلیوں کے بیچ
گھر یاد آ گیا در و دیوار دیکھ کر

منزل قریب ہو کے بھی لگتا ہے دور ہے
تھکنے لگے ہیں پاؤں چمن زار دیکھ کر

رازؔی سے ہم کلام تو اکثر ہوئے مگر
ہم گفتگو کریں انھیں اک بار دیکھ کر

ãwãz ham uṫhãyeñge kirdãr dekh kar
dartay nahi haiñ hãth me talwãr dekh kar

kuchh to batayeñ jin ko hukoomat pe nãz hai
kyã bolnã hai koocha o bãzãr dekh kar

ãye the meray qatl ko tayyãriyoñ ke sãth
taigheñ palaṫ gayiñ mujhe tayyãr dekh kar

karnay lagay qalam yahãñ dar ki ghulãmiyãñ
boli lagi zubãñ ki khareedãr dekh kar

rakhtay thay ham khilone yahiñ titliyoñ ke beech
ghar yãd ã gayã dar o deewãr dekh kar

manzil qareeb ho ke bhi lagtã hai duur hai
thaknay lagay haiñ pãoñ chamanzãr dekh kar

Razi se hamkalãm to aksar hue magar
ham guftugoo kareñ unheñ ek bãr dekh kar

اندھیری رات ہے اب جگنوؤں کے خواب تو دے
جو میری مٹّھی میں آئے وہ ماہتاب تو دے

وہ دن، وہ شام، وہ راتیں گزر گئیں یکسر
گزشتہ لمحوں کا اے دل مجھے حساب تو دے

میں جھک بھی جاؤں تو رشتے بحال کیسے ہوں
سلام پیش کروں میں کوئی جواب تو دے

پری کے قصّے جو دادی کبھی سناتی تھیں
مجھے کہیں سے کہانی کی وہ کتاب تو دے

گوارا اسکو نہیں گر مری خوشی، نہ سہی
وہ اب تو آئے مجھے داد اضطراب تو دے

بڑھائے ہاتھ کبھی دوستی کا وہ رآزی
ہو کاغذی ہی سہی مجھکو اک گلاب تو دے

andheri rãt hai ab jugnuoñ ke k͟hãb to de
jo meri muṭhhi me ãye wo mãhtãb to de

wo din, wo shãm, wo rãteñ guzar gayiñ yaksar
guzishta lamhoñ ka aye dil mujhe hisãb to de

mai jhuk bhi jãuñ to rishte bahãl kaise hoñ
salãm pesh karuñ maiñ koi jawãb to de

pari ke qisse jo dãdi kabhi sunãti thiñ
mujhe kahiñ se kahãni ki wo kitãb to de

gawãra usko nahiñ gar meri k͟hushi, na sahi
wo ab to ãye, mujhe dãd e iztirãb to de

badhãye hãth kabhi dosti ka wo Razi
ho kãghazi hi sahi mujhko ek gulãb to de

یہ خواہ مخواہ کے لمبے خطاب میں کیا ہے
کوئی تو پوچھ لے لبّ و لباب میں کیا ہے

پسند اپنی وہ کیوں میرے سر پہ تھوپتے ہیں
کمی ہے کوئی؟ مرے انتخاب میں کیا ہے

محبتیں ہوں، سکوں بھی ہو، راحتیں بھی ہوں
سوائے خواب دلِ کامیاب میں کیا ہے

تمھیں پتا تو چلے کم سے کم کہ کون ہیں ہم
ہماری عرض تمھاری جناب میں کیا ہے

سوال پوچھ کے مجھ سے وہ خوش ہوئے ہیں اگر
تو میرا خط بھی پڑھیں وہ جواب میں کیا ہے

ہوئیں ہیں منطقیں مجروح فلسفے بے جاں
کسے پڑی ہے کہ دیکھے کتاب میں کیا ہے

جنوں کی صبح ہے اور پاؤں لڑکھڑاتے ہیں
ذرا سنبھل کے مرے دل شتاب میں کیا ہے

سناؤ حال کہ رآزی تم آج کیسے ہو
ہمیشہ رہتے ہو تم اضطراب میں، کیا ہے

ye k͟hahmak͟hāh ke lambay k͟hitāb me kyā hai
koi to poochh le labb o lubāb me kyā hai

pasand apni wo kyuñ mere sar pe thopte haiñ
kami hai koi? mere intak͟hāb me kyā hai

muhabbataiñ hoñ, sukooñ bhi ho, rahataiñ bhi hoñ
siwā e k͟hāb dil e kāmyāb me kyā hai

tumheñ patā to chale kam se kam ke kon haiñ ham
hamāri arz tumhāri janāb me kyā hai

sawāl poochh ke mujhse wo k͟hush huwe haiñ agar
to mera k͟hat bhi paṛheñ wo jawāb me kyā hai

huiñ haiñ mantiqeñ majrooh, falsafay bejāñ
kise paṛi hai ke dekhay kitāb me kyā hai

junooñ ki subh hai aur pāoñ laṛk͟haṛāte haiñ
zarā sambhal ke mere dil shitāb me kyā hai

sunāo hāl ke Razi tum āj kaise ho
hamesha rahte ho tum iztirāb me, kyā hai!

اس جہاں کی رغبت سے پاک ہم نہیں ہوتے
عمر بیت جاتی ہے محترم نہیں ہوتے

پیچ کھائیں تاریخیں، غیرت و ضمیر اپنے
کیا تجارتیں ہوتیں گر صنم نہیں ہوتے

گر نہیں پہنچ پاتی خاک اپنی عظمت کو
محفلیں نہیں ہوتیں، ذکرِ غم نہیں ہوتے

موت کی حقیقت ہم بھولتے نہیں پھر بھی
سخت دل تو ایسے ہیں دیدہ نم نہیں ہوتے

کیا عبادتیں ہوتیں دورِ جشن میں رآزی
زلفِ زندگی میں گر پیچ و خم نہیں ہوتے

is jahãñ ki rag͟hbat se pãk ham nahi hote
umr beet jãti hai muhtaram nahi hote

bech khãyiñ tãreek͟heñ, g͟hairat o zameer apne
kyã tijãrateñ hotiñ, gar sanam nahi hote

gar nahi pahuñch pãti k͟hãk apni azmat ko
mahfileñ nahi hotiñ, zikr e g͟ham nahi hote

maut ki haqeeqat ham bhooltay nahi phir bhi
sak͟ht dil to aise haiñ deeda nam nahi hote

kyã ibãdateñ hotiñ daur e jashn me Razi
zulf zindagi me gar paich o k͟ham nahi hote

ہر اک موڑ پر کھا کے ٹھوکر گیا
گناہوں کا اس کے گھڑا بھر گیا

شکایت رہی گردشِ وقت سے
نگاہوں سے دور اب وہ منظر گیا

مری جیب سلنے پہ انعام تھا
تو ناکام ہو کر رفوگر گیا

نظر میں جو سچّائیاں آ گئیں
مرے خواب سے نرم بستر گیا

رہا شرم سے بے سکوں ہر گھڑی
ترے در پہ جب بھی کُھلے سر گیا

محبّت کا تیری ہوا یوں اثر
وہ آیا تھا خوش دیدۂ تر گیا

مرے فن پہ تحقیق ہوتی رہی
کہ رازیؔ یہ کیا تجربا کر گیا

har ek moṙ par khã ke ṫhokar gayã
gunãhoñ ka us ke ghaṙã bhar gayã

shikãyat rahi gardish e waqt se
nigãhoñ se duur ab wo manzar gayã

meri jaib silne pe in'ãm thã
to nãkãm ho kar rafoogar gayã

nazar me jo sachhãiyãñ ã gayiñ
mere k͟hãb se narm bistar gayã

rahã sharm se be sukooñ har ghaṙi
teray dar pe jab bhi khulay sar gayã

muhabbat ka teri huwã yuñ asar
wo ãyã tha k͟hush deeda e tar gayã

meray fan pe tahqeeq hoti rahi
ke Razi ye kyã tajrubã kar gayã

دل پہ کیا گزری ترے، مجھ پہ گماں کیا گزرا
نقص اپنا تھا جو دنیا پہ تماشا گزرا

میری کمیاں تھیں میں کیوں وقت پہ الزام رکھوں
وقت معصوم تھا جیسے بھی گزارا گزرا

کچھ تصوّر میں، تمنّاؤں میں، امیدوں میں
آج کا دن بھی مرا روز کے جیسا گزرا

دل پہ جو گزری وہ گزری میں اسے بھول گیا
وقت گزرا تو مرا وقت بھی اچھا گزرا

ایسا لگتا ہے ابھی ان سے ملا ہوں رازؔی
ان کو دیکھے ہوئے ایسے تو زمانا گزرا

dil pe kyã guzri tere mujh pe gumãñ kyã guzrã
nuqs apnã tha jo dunyã pe tamãshã guzrã

meri kamiyãñ thiñ maiñ kyu waqt pe ilzãm rakhuñ
waqt mãsoom tha, jaise bhi guzãrã guzrã

kuchh tasawwur me, tamannãoñ me, umeedoñ me
ãj kã din bhi merã roz ke jaisã guzrã

dil pe jo guzri wo guzri maiñ usay bhool gayã
waqt guzrã to merã waqt bhi achhã guzrã

aisa lagtã hai abhi unse milã huñ Razi
unke dekhay hue aise to zamãnã guzrã

وہم و گمان و خواب کے زیرِ اثر رہے
اس دل کی سازشوں سے بہت بے خبر رہے

پھر عمر بھر دلوں پہ زباں کا اثر رہے
ہو گفتگو بلیغ مگر مختصر رہے

کھوئے رہیں تصوّر و خواب و خیال میں
تخئیلِ لالہ زار کے زانو پہ سر رہے

اُس دن کے انتظار میں عمریں گزر گئیں
ملنے کو جائیں گے انھیں زندہ اگر رہے

منزل کی جستجو میں غموں کا شمار کیا
کانٹوں بھری ہو راہ کہ لمبا سفر رہے

رازیؔ غم گسارِ جہاں کس طرح بنوں
کس کس پہ اس جہاں میں ہماری نظر رہے

wahm o gumãn o k͟hãb ke zer e asar rahe
is dil ki sãzishoñ se bahot be k͟habar rahe

phir umr bhar diloñ pe zubãñ kã asar rahe
ho guftugoo baleeg͟h magar muk͟htasar rahe

khoye raheñ tasawwur o k͟hãb o k͟hayãl me
tak͟h'eel e lãlazãr ke zãnoo pe sar rahay

us din ke intazãr me umreñ guzar gayiñ
milne ko jayeñge unhe zindã agar rahe

manzil ki justujoo me g͟hamoñ kã shumãr kyã
kãñt̤oñ bhari ho rãh, ke lambã safar rahe

Razi e g͟hamgusãr e jahãñ kis tarah banooñ
kis kis pe is jahãñ me hamãri nazar rahe

نہ بیٹھا چین سے انساں کسی دن
کہ ہونگی مشکلیں آساں کسی دن

ملیں گی بستیاں ویراں کسی دن
مٹائی جائیں گی گلیاں کسی دن

یہ کاغذ کے محل کب تک بچیں گے
اُڑا لے جائیں گے طوفاں کسی دن

خموشی ہو، سکوں کی وادیاں ہوں
ملے گا درسِ خاموشاں کسی دن

بنیں گی دشمنوں کی سازشیں بھی
رفیقِ راہِ بے پایاں کسی دن

لگے عظمت پہ اپنی فخر کرنے
ہوئے ہم اس قدر انساں کسی دن

جو چھوٹی ہاتھ سے ایماں کی رسّی
گیا پھر ہاتھ سے میداں کسی دن

یہی ہے زندگی دن رات جیسے
کسی دن غم ملے، خوشیاں کسی دن

اُتر جاؤں دلوں کی وادیوں میں
ٹھہر جاؤں پسِ مژگاں کسی دن

ہوئے بے آبرو دنیا میں رازی
کہ جب بھولے ترا احساں کسی دن

na baiťhã chain se insãñ kisi din
ke hoñgi mushkileñ ãsãñ kisi din

mileñgi bastiyãñ weerãñ kisi din
miťãi jayeñgi galiyãñ kisi din

ye kãghaz ke mahal kab tak bacheñge
uřã le jãyeñge toofãñ kisi din

khamoshi ho, sukooñ ki wãdiyãñ hoñ
milegã dars e khãmoshãñ kisi din

banengi dushmanoñ ki sãzisheñ bhi
rafeeq e rãh e be pãyãñ kisi din

lagay azmat pe apni fakhr karne
huwe ham is qadar insãñ kisi din

jo chhooťi hãth se eemãñ ki rassi
gayã phir hãth se maidãñ kisi din

yahi hai zindagi din rãt jaise
kisi din gham milay khushiyãñ kisi din

utar jãuñ diloñ ki wãdiyoñ me
ťhahar jãuñ pas e mizgãñ kisi din

huwe be ãbroo dunyã me Razi
ke jab bhoolay tera ehsãñ kisi din

چلتی ہوئی تصویر بہت رنگ بھری ہے
پیکر ہی تو ہے عکس کی جو جلوہ گری ہے

آنکھیں جو کھلی ہیں تو ملا درسِ حقیقی
نَے خواب کی دنیا ہے نہ وہ بے خبری ہے

بیچ آئے ہیں کردار بھی دولت کے عوض میں
اس شہر میں الفاظ کی کیا سودا گری ہے

اک عمر ہوئی آج بھی گلدستۂ دل کے
سوکھے ہوئے پتّوں میں کوئی شاخ ہری ہے

کافی ہے جنوں حاکمِ دوراں کے مقابل
کاغذ ہے، قلم ہے، مری آشفتہ سری ہے

روشن بھی نظر آئے تو سورج کی چمک سے
وہ چاند کی بستی جو ستاروں سے بھری ہے

ٹوٹا ہوا دالان ہے در ہے نہ دریچہ
مشہور مگر آج بھی وہ بارہ دری ہے

دنیا میں رہے عالمِ ارواح سے نکلے
رازؔی بڑی دلچسپ تری در بدری ہے

chalti hui tasweer bahot rañg bhari hai
paikar hi to hai aks ki jo jalwagari hai

ãñkheñ jo khuli haiñ to milã dars e haqeeqi
nay k͟hãb ki dunyã hai, na wo be k͟habari hai

bech ãye haiñ kirdãr bhi daulat ke ewaz me
is shahr me alfãz ki kyã saudagari hai

ek umr hui ãj bhi guldasta e dil ke
sookhay hue pattoñ me koi shãk͟h hari hai

kãfi hai junooñ hãkim e daurãñ ke muqãbil
kãġaz kai, qalam hai, meri ãshufta sari hai

roshan bhi nazar ãye to sooraj ki chamak se
wo chãñd ki basti jo sitãroñ se bhari hai

ṫooṫa hua dãlãn hai dar hai na dareechã
mashhoor magar ãj bhi wo bãradari hai

dunyã me rahay ãlam e arwãh se nikle
Razi baṛi dilchasp teri dar ba dari hai

دشمن ہوں کہ ہوں دوست چڑھے جائے ہیں سر پر
اکثر یہ مجھے صبر کا انجام لگے ہے

کاغذ پہ اتارا ہوا الفاظ کا لشکر
خاموش بھی ہووے ہے تو کہرام لگے ہے

اجڑی ہوئی بستی کے شکستہ کسی در پر
مٹتا ہوا اپنا سا کوئی نام لگے ہے

وہ خوں بھی بہاویں تو کوئی بات نہ ہووے
ہم سانس بھی لے ہیں تو برا کام لگے ہے

چھت پر مری دانے جو رکھے ہیں تو رکھے ہیں
پنچھی کو شکاری کا کوئی دام لگے ہے

جب شمس و قمر ایک ہی صف میں ہوئے رازی
جلتا ہوا سورج بھی سیہ فام لگے ہے

dushman hoñ ke hoñ dost charhay jãye haiñ sar par
aksar ye mujhe sabr ka anjãm lagay hai

kãghaz pe utãrã hua alfãz ka lashkar
khãmosh bhi howe hai to kohrãm lagay hai

ujri hui basti ke shikastã kisi dar par
mit-tã hua apnã sa koi nãm lagay hai

wo khooñ bhi bahãweñ to koi bãt na howe
ham sãñs bhi le haiñ to burã kãm lagay hai

chhat par meri dãnay jo rakhay haiñ to rakhay haiñ
pañchhi ko shikãri ka koi dãm lagay hai

jab shams o qamar aik hi saf me hue Razi
jaltã hua sooraj bhi siyahfãm lagay hai

خوشبو روایتوں کی ہو رسمِ کہن کے ساتھ
رکھئے غزل سجا کے نئے پیرہن کے ساتھ

نرمی ہے موم کی سی بسی لفظ لفظ میں
خوشبو ہے شمعِ فکر کی دل میں جلن کے ساتھ

ہم کاغذی نقوش کے خانوں میں بنٹ گئے
محدود کیوں ہوں سرحدیں دل کی وطن کے ساتھ

پہچانئے بھی کیسے کہ میری صدی کے لوگ
چہرے بدلتے رہتے ہیں اب پیرہن کے ساتھ

رسماً سہی سلام تو کرنے لگے ہیں وہ
بل دے کے ابروؤں پہ، رخِ پرشکن کے ساتھ

تھکتی نہیں کبھی یہ امیدیں دعاؤں سے
سجدے میں سو گیا ہوں بھلے ہی تھکن کے ساتھ

مرجھا رہے ہیں پھول خیالوں کے دم بہ دم
چشم ہنر کی دھوپ میں جلتے بدن کے ساتھ

سمٹی ہے کائنات مرے لاشعور میں
بڑھتی ہیں اسکی وسعتیں رازی زمن کے ساتھ

k̔hushboo rivãyatoñ ki ho rasm e kuhan ke sãth
rakhiye g̔hazal sajã ke naye pairahan ke sãth

narmi hai mom ki si basi lafz lafz me
k̔hushboo hai shamm e fikr ki dil me jalan ke sãth

ham kãg̔hazi nuqoosh ke k̔hãnoñ me bañt̔ gaye
mahdood kyu hoñ sarhadeñ dil ki watan ke sãth

pahchaniye bhi kaise ke meri sadi ke log
chehre badalte rahte haiñ ab pairahan ke sãth

rasman sahi salãm to karne lagay haiñ wo
bal de ke abru'oñ pe, ruk̔h e pur shikan ke sãth

thakti nahi kabhi ye umeedeñ du'ãoñ se
sajde me so gayã huñ bhalay hi thakan ke sãth

murjha rahe haiñ phool k̔hayãloñ ke dam ba dam
chashm e hunar ki dhoop me jaltay badan ke sãth

simt̔i hai kãinãt mere lãsha'oor me
bar̔hti haiñ iski wus'ateñ Razi zaman ke sãth

Introduction

Razi Abuzar is a young poet freshly risen upon the firmament of Urdu Poetry. Son of the renowned Urdu Poet and Critic, Dr Shamim Hashimi, he has inherited the poetical temperament from his ancestors. A computer Engineer by profession, he has a philosophical mind and a sensitive heart. His humane and sympathetic attitude towards the suffering humanity is apparent in his lyrical couplets. In the days to come he will rise higher in his stature. I am sure his poetic skills will improve with the passage of time and in the due course, he will be recognised as a remarkable poet in his own right. His Poetry is quite laudable and worthy of appreciation.
I wish him success in life.

Syed Obaidullah Hashmi
Hazaribagh

Although there has been no tradition of transliterating Urdu language into Roman script but I find it beneficial for those who find it difficult to read Urdu in the Persian script. This may inspire people and motivate them to learn Urdu in its original form.
With the grace of Allah, I have been able to publish this book including a few of my selected Ghazals. Hope you would love it.

Razi Abuzar

A few Words

Many years ago, one night I stood under a neem tree trying to find my inner self, looking at my hazy shadow formed by the dim street light falling through the leaves and branches. Though it wasn't my first attempt in this mystic meditation, I kept turning the pages of my life.

I wrote my first poem at a young age. I also wrote in different languages later in life.

I fail to remember my first Urdu couplet but my first couplet in Arabic was as follows:

ومن يلعبون بامواج بحر
فهم لايريدون لطف النسيم

Translation:

One who loves to play with stormy sea waves
For the soft morning breeze he never craves

I would often sneak into my father's library, studying fiction and poetry. Sometimes I would run away from school towards the river flowing nearby and the forest which spread behind my school boundary walls. I would wander in the forest and the hills and loved the birds chirping in the trees, sometimes I would sit in my courtyard with blossoming flowers around me spreading sweet fragrances in the moonlit nights. Wandering in the world of imaginations revealed heartfelt inward joy to me which I often saved as words on a piece of paper.

Table of Contents

Upcoming books by Razi Abuzar:

I. Qawa'id al-Lughat al-Arabiya (Basic Arabic Grammar)
II. Dr. Shamim Hashimi Naqideen ki Nazar me

Representation of speech sounds (or phones) in this book by the means of English letters / symbols:

ã: p**a**rt
a: b**u**s
ay: g**a**te
ai: g**a**te (same as in previous.)
e: g**e**t or g**a**te (sometimes long sometimes short depending on the word)
ii: sp**ee**d
uu: c**oo**l
ż: televi**si**on
ñ: jahaa**ñ** (जहाँ in Hindi)
ṙ: search for ड़ sound in Hindi
q: it is similar to k sound but from epiglottis
k̇h: like kh sound in Hindi/ Urdu word ख़ाब (from epiglottis)
ġ: like ġ sound in Hindi/ Urdu word ग़रीब
ġh: same as ġ

How do I read/ understand a poem?

If you face any problem whilst reading a poem then focus on the length of the syllables present in those Hindi/ Urdu words. If you find a tough word then visit the below URL to get the its meaning and the pronunciation:

www.urduliterature.org/books/kaghazi-nuqoosh/word-meanings

KAGHAZI NUQOOSH
by
Razi Abuzar

✉ raziabuzar21@gmail.com, ☏ +91-9650455040

ISBN 978-93-95400-42-8
Subject: Poetry (Ghazal)
First Edition: 2022
Page count:120
₹ 219/-
Printed at Roshaan Printers, Delhi-6

Published by
EDUCATIONAL PUBLISHING HOUSE
H.O. D1/16, Ansari Road, Darya Ganj, New Delhi-110002, INDIA
B.O. 3191, Vakil Street, Kucha Pandit, Lal Kuan, Delhi-6, INDIA
Ph: 45678286, 23216162, 45678203, 41418204
E-mail: info@ephbooks.com, ephindia@gmail.com
website: www.ephbooks.com

Kãg͟hazi Nuqoosh

Ghazals

ham kãg͟hazi nuqoosh ke k͟hãnoñ me bañṭ gaye
mahdood kyu hoñ sarhadeñ dil ki watan ke sãth

Razi Abuzar

EDUCATIONAL PUBLISHING HOUSE